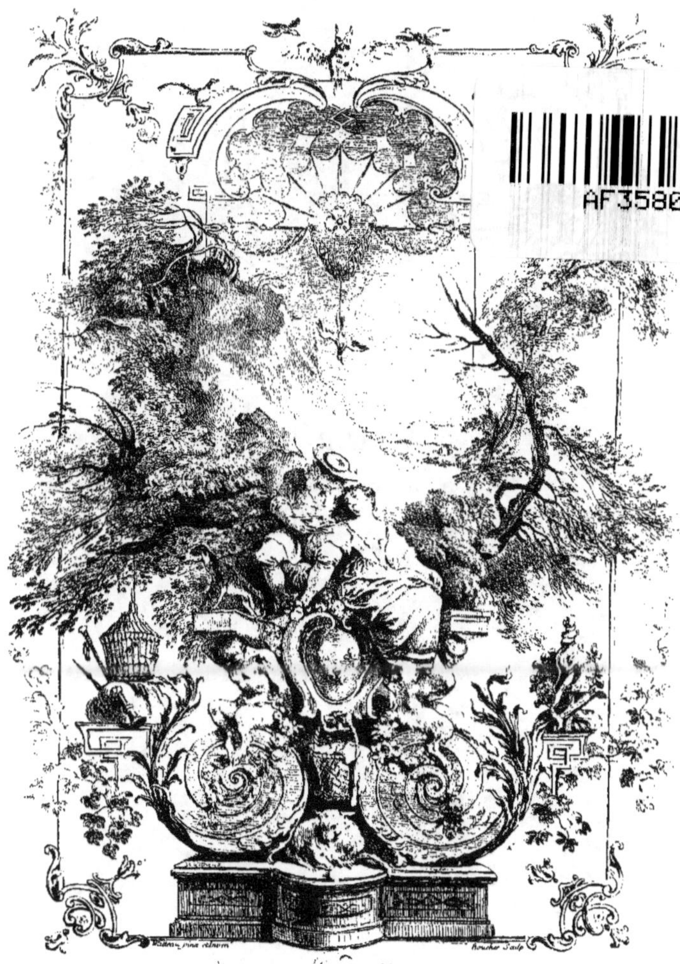

LE DENICHEUR DE MOINEAUX

N° 59 du Catalogue.

ŒUVRE

D'ANTOINE WATTEAU

M° ANDRÉ COUTURIER — M. LOYS DELTEIL

FRAZIER-SOYE

GRAVEUR-IMPRIMEUR

153-155-157, Rue Montmartre

PARIS

CATALOGUE

DES

ESTAMPES

FORMANT L'ŒUVRE GRAVÉ

D'ANTOINE WATTEAU

PROVENANT DE LA COLLECTION DE MONSIEUR X***

Dont la vente aura lieu

à Paris, HOTEL DROUOT, Salle N° 1

Le Vendredi 18 Avril 1913

à 3 heures 1/2 précises

Par le Ministère de M° ANDRÉ COUTURIER

COMMISSAIRE-PRISEUR

56, Rue de la Victoire

Assistés de M. LOYS DELTEIL, Artiste-Graveur, Expert

2, Rue des Beaux-Arts

CONDITIONS DE LA VENTE

Elle sera faite au comptant.

Les adjudicataires paieront *dix pour cent* en sus des enchères.

M. Loys Delteil remplira les commissions que voudront bien lui confier les amateurs ne pouvant y assister.

MM. les Amateurs pourront visiter la collection 2, *rue des Beaux-Arts*, du Jeudi 10 au Mercredi 16 Avril 1913, de 2 heures à 5 heures *(le Dimanche excepté)*.

Exposition Publique, Hôtel Drouot, Salle N° 1, *le Jeudi 17 Avril 1913, de 2 heures à 6 heures.*

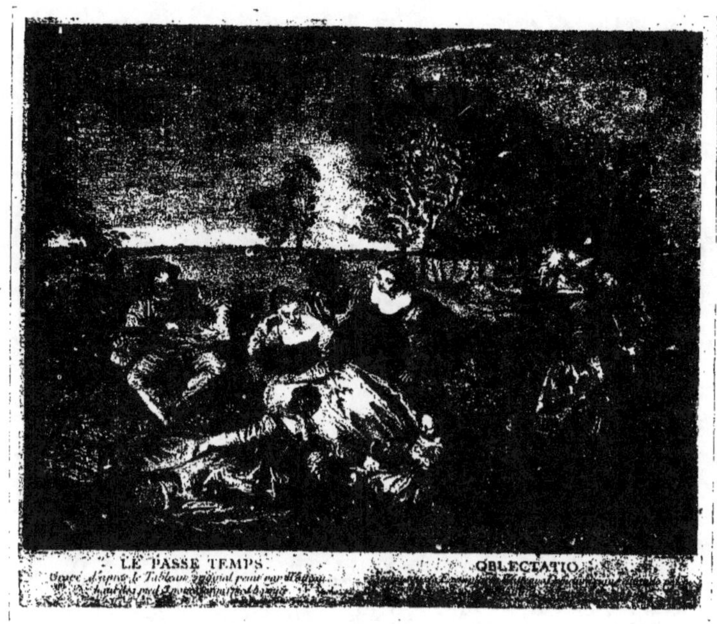

Nº 37 du Catalogue

ŒUVRE GRAVÉ

D'ANTOINE WATTEAU

1. Watteau et son ami M. de Julienne, par Tardieu (Edmond de Goncourt 14). Très belle épreuve. **57.**

2. Ant. de la Roque, par Lépicié (17). Très belle épreuve. **48**

3. Retour de chasse (Mme de Vermanton), par B. Audran (18). Superbe épreuve. **82.**

4. L'Amour désarmé, par B. Audran (33). Superbe épreuve. **130.**

5. Fêtes au dieu Pan, par Aubert (40). Très belle épreuve (légère épidermure).

6. Les Fatigues de la Guerre — Les Délassemens de la Guerre (54-55). Deux pièces par Scotin et Crepy fils, se faisant pendants. Belles épreuves.

7. Escorte d'équipages, par Cars (56). Très belle épreuve.

8. L'Amour au Théâtre François (65) — L'Amour au Théâtre Italien (69). Deux pièces, par C. N. Cochin, se faisant pendants. Très belles épreuves.

9. Comédiens Italiens, par Baron (68). Très belle épreuve.

10. *Belle, n'écoutez rien... — Pour garder l'honneur d'une belle...* (76-77). Deux pièces, par Cochin, se faisant pendants. Très belles épreuves.

11. Arlequin, Pierrot et Scapin — Pour nous prouver que cette belle (76 et 177). Deux pièces, par L. Surugue, se faisant pendants. Très belles épreuves.

12. *Coquettes qui pour voir galans....* par Thomassin fils (78). Très belle épreuve.

13. L'Amante inquiète, par Aveline (81). Très belle épreuve.

14. L'Indifférent, par Scotin (84). Très belle épreuve.

15. La Marmotte, par B. Audran (85). Très belle épreuve.

16. La Polonnoise, par Aubert (87). Très belle épreuve.

17. La Rêveuse, par Aveline (88). Très belle épreuve.

18. L'Occupation selon l'Age, par Dupuis (92). Belle épreuve.

19. L'Enseigne, par P. Aveline (95). Très belle épreuve (pli, légère épidermure).

20. L'Accord parfait, par Baron (97). Belle épreuve.

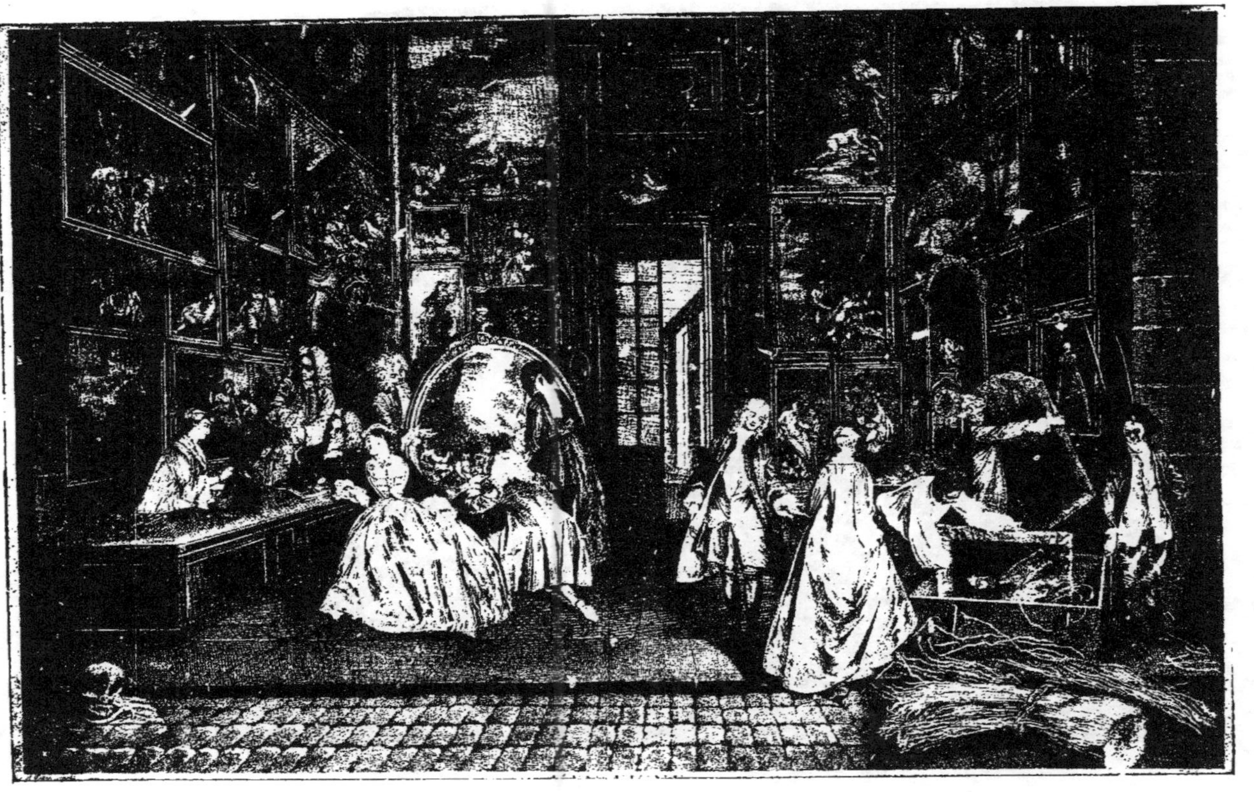

N° 19 du Catalogue

N° 29 du Catalogue

21. L'Accordée de village, par N. de Larmessin (98). Très belle épreuve (pli et légère cassure).

22. L'Amour paisible, par Baron (102). Très belle épreuve.

23. Assemblée galante, par Le Bas (108). Très belle épreuve.

24. Les Charmes de la Vie, par Aveline (117). Belle épreuve (pli, petites cassures et épidermures).

25. La Colation, par Moyreau (118). Belle épreuve.

26. La Conversation, par M. Liotard (123). Très belle épreuve.

27. Les deux Cousines, par Baron (124). Très belle épreuve.

28. La Diseuse d'aventure, par L. Cars (127). Très belle épreuve.

29. L'Embarquement pour Cythère, par Tardieu (128). Très belle épreuve (pli, légères cassures).

30. Entretiens amoureux, par J. M. Liotard (131). Très belle épreuve.

31. La Game d'Amour, par Le Bas (136). Belle épreuve.

32. L'Ile enchantée, par Le Bas (139). Belle épreuve (petite épidermure).

33. Leçon d'Amour, par C. Dupuis (144). Très belle épreuve.

34. La Lorgneuse, par Scotin (147). Très belle épreuve.

35. La Mariée de Village, par C. N. Cochin (148). Très belle épreuve (pli, remmargée sur 3 côtés).

36. La Partie carrée, par J. Moyreau (150). Très belle épreuve.

37. Le Passe-temps, par Audran (151). Très belle épreuve (2 petites cassures).

38. Pierrot content, par E. Jeaurat (153). Belle épreuve (pli d'impression).

39. Le Plaisir pastoral, par N. Tardieu (154). Très belle épreuve.

40. Les Plaisirs du Bal, par Scotin (155). Très belle épreuve (pli et légères épidermures).

41. Récréation Italienne, par Aveline (160). Belle épreuve.

42. Le Rendez-vous, par B. Audran (162). Très belle épreuve.

43. Rendez-vous de chasse, par Aubert (164). Très belle épreuve (petite restauration et épidermure).

44. La Sérénade Italienne, par Scotin (165). Superbe épreuve.

45. *Du bel Age...*, par J. Moyreau (173). Très belle épreuve.

46. *Iris, c'est de bonne heure...* (175). Superbe épreuve.

47. *Sous un habit de Mezetin*, par Thomassin fils (178). Très belle épreuve.

48. Voulez-vous triompher des Belles ?, par Thomassin (179). Très belle épreuve.

49. Le Colin-Maillard, par Brion (187). Très belle épreuve.

50. Le Marais — L'Abreuvoir (194-195). Deux pièces par L. Jacob, se faisant pendants. Très belles épreuves.

50 *bis*. La Villageoise (90) — L'Aventurière (109^) — Bon Voyage (169^). Trois pièces par Aveline et Crépy fils. Belles épreuves.

51. Feste bachique — La Balanceuse — Partie de chasse — Le May (199-202). Suite de quatre pièces, par Moyreau, Le Bas, Scotin et Moyreau. Superbes épreuves.

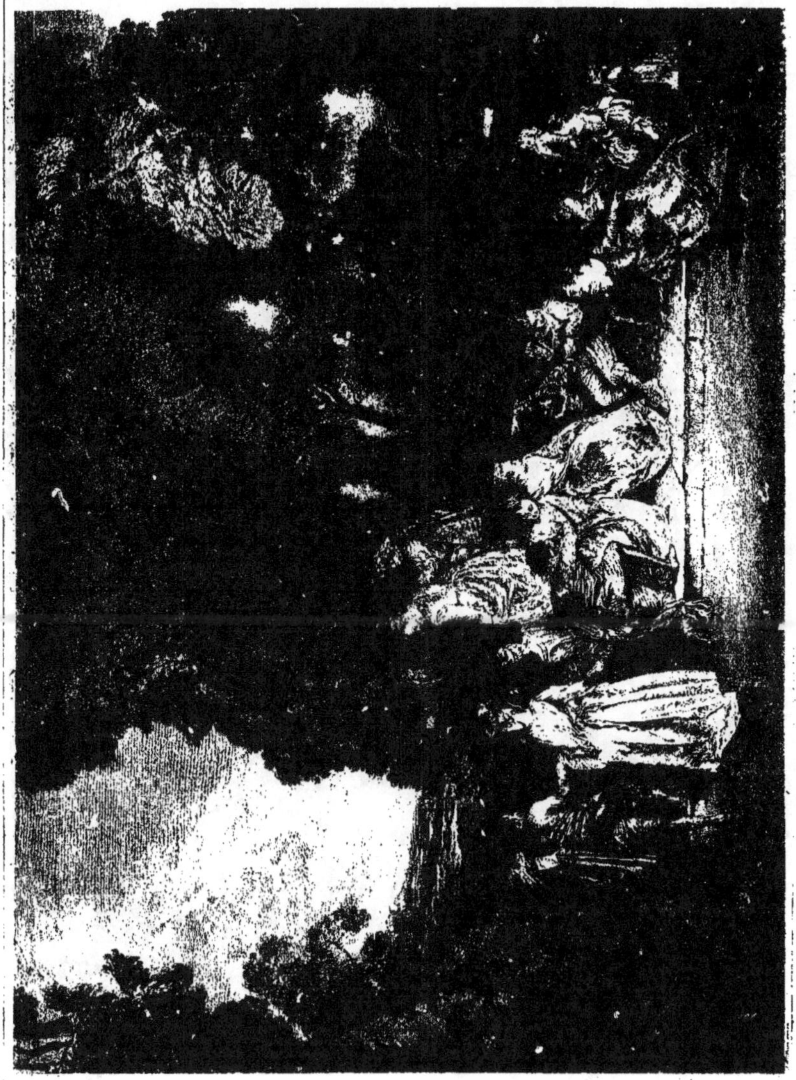

N° 23 du Catalogue

N° 40 du Catalogue

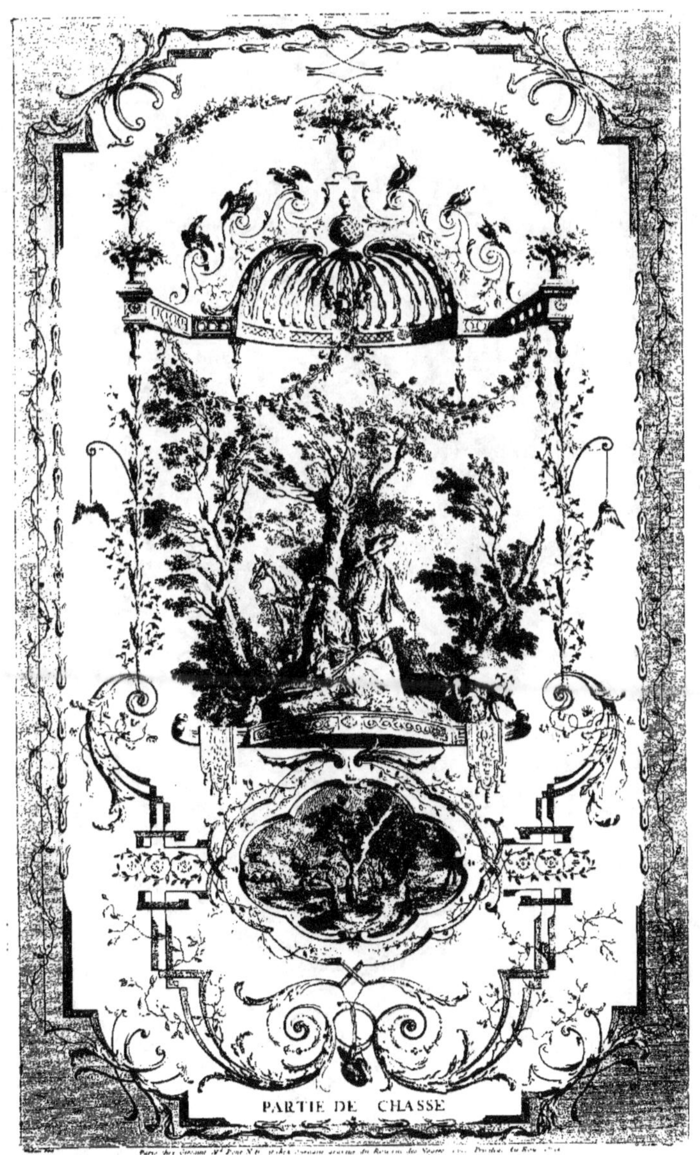

N° 51 du Catalogue

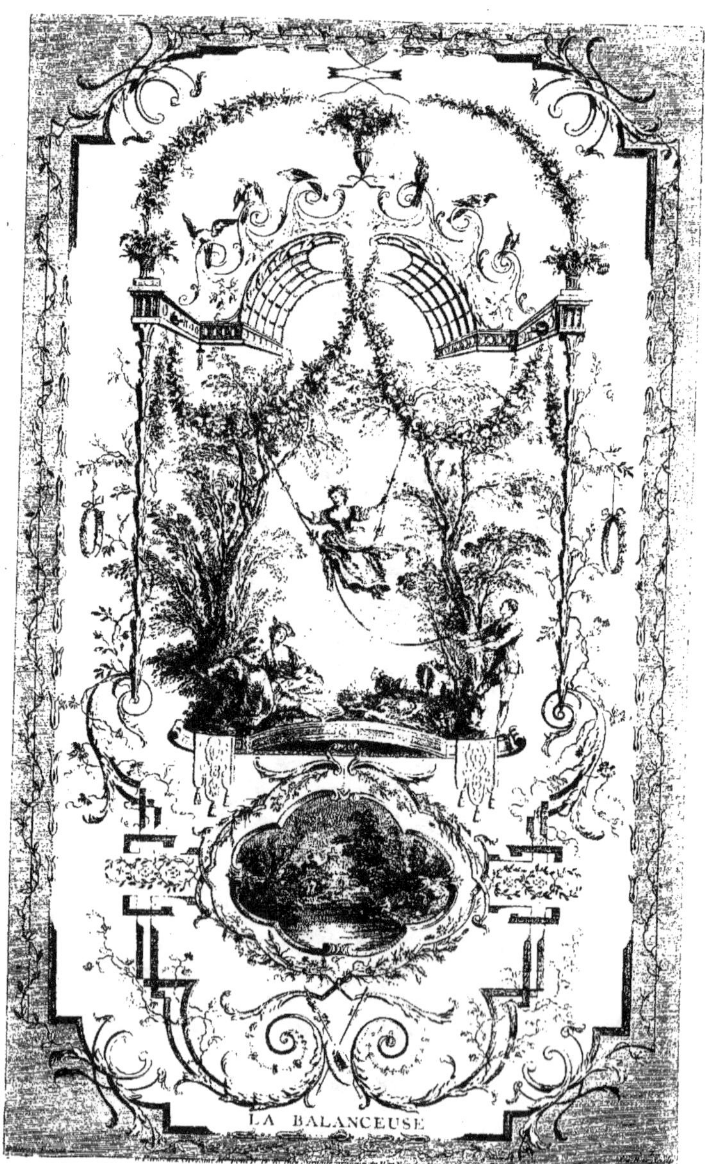

N° 51 du Catalogue

52. Le Vendangeur — Bacchus — Le Frileux —
L'Enjoleur (237-240). Suite de quatre pièces, par
J. Moyreau et P. Avéline. Superbes épreuves,
toute marge.

53. Le Berger empressé — Le Jardinier fidèle (247-248).
Deux pièces par Huquier, se faisant pendants.
Belles épreuves (petite épidermure à la 1re pl.).

54. La Grotte — Le Berceau — Le Théâtre — La
Déesse (249-252). Suite complète de quatre
pièces, par Huquier. Très belles épreuves, à
toute marge.

55. Les Éléments (253-256). Suite de 4 pl. par Huquier.
Très belles épreuves, toute marge.

56. Les Saisons, par F. Boucher (257-260). Suite de
quatre pièces. Superbes épreuves, à grandes
marges.

57. Les Oiseleurs — Les Plaisirs de la Jeunesse —
Apollon — Diane (261, 264, 265, 266). Quatre
pièces par Huquier. Très belles épreuves.

58. La Voltigeuse, par Huquier (268). Très belle
épreuve.

59. Le Dénicheur de Moineaux, par F. Boucher (270).
Très belle épreuve, grandes marges.

60. Les Singes de Mars, par Moyreau (271). Superbe
épreuve, grande marge.

61. L'Escarpolette, par Crépy fils (273). Superbe
épreuve, grandes marges.

62. Empereur chinois — Divinité chinoise (274-275).
Deux pièces, par Huquier, se faisant pendants.
Superbes épreuves, grandes marges.

63. Le Galant, par B. Audran (276). Superbe épreuve,
toute marge.

64. La Pélerine altérée, par Huquier (277). Très belle
épreuve, grande marge.

65. Le Temple de Neptune — Le Temple de Diane
(278-279). Deux pièces, par Huquier, se faisant
pendants. Très belles épreuves.

65 *bis*. Un Temps de pluie — Naissance de Vénus
(288-289). Deux pièces, par Huquier. Très belles
épreuves.

66. Les Enfants de Momus — La Cause badine. Deux
pl. par J. Moyreau, se faisant pendants (290-291).
Très belles épreuves.

67. L'Heureuse rencontre (ou le Rendez-vous) —
L'Amusement (294-295). Deux pièces, par Huquier,
se faisant pendants. Superbes épreuves.

68. Le Chasseur content — Le Repos gracieux (296-
297). Deux pièces, par G. Huquier, se faisant
pendants (tirées sur la même feuille).

69. Le Berger content — Le Marchand d'orviétan —
La Favorite de Flore — L'Heureux moment (300-
303). Suite de quatre pièces, par Crepy fils et
Moyreau (sur deux feuilles). Très belles épreuves
(pli à une pl.).

70. Les Jardins de Cythère — Les Jardins de Bacchus
(304-305). Deux pièces par Huquier, se faisant
pendants. Belles épreuves.

71. Colombine et Arlequin, par J. Moyreau (306). Très
belle épreuve, grande marge.

72. Vénus blessée par l'Amour, par Caylus et Aveline (308). Superbe épreuve.

73. Paravent de six Feuilles, par L. Crepy fils (309-314).
Suite de six pièces. Très belles épreuves.

74. La Coquette, par F. Boucher (334). Très belle
épreuve.

FRAZIER-SOYE

GRAVEUR-IMPRIMEUR

153-155-157, Rue Montmartre

PARIS